AF260355

DES PÉTITIONS

DE QUELQUES OUVRIERS ET OUVRIÈRES DE PARIS

POUR

L'ABOLITION IMMÉDIATE DE L'ESCLAVAGE.

DES PÉTITIONS

DE QUELQUES

OUVRIERS ET OUVRIÈRES DE PARIS

POUR

L'ABOLITION IMMÉDIATE

DE L'ESCLAVAGE.

———

VÉRITABLE SITUATION DES NOIRS

DANS LES COLONIES FRANÇAISES,

PAR

M. JOLLIVET,

MEMBRE DE LA CHAMBRE DES DÉPUTÉS.

———

PARIS,

IMPRIMERIE BRUNEAU, RUE CROIX-DES-PETITS CHAMPS, 33.

1844.

DES PÉTITIONS

DE

QUELQUES OUVRIERS ET OUVRIÈRES DE PARIS

POUR

L'ABOLITION IMMÉDIATE DE L'ESCLAVAGE.

Trois pétitions demandant l'abolition immédiate de l'esclavage ont été adressées à la Chambre des députés par des ouvriers et ouvrières de Paris. La première de ces pétitions, qui a servi de modèle aux deux autres, a été déposée sur le bureau de la Chambre par M. *Isambert*.

Il suffit de les lire pour être convaincu qu'elles n'ont pas été rédigées par les ouvriers signataires. On y trouve un grand luxe d'érudition : on y voit figurer le Code noir avec ses textes ; l'ordonnance du 5 janvier 1840 ; les rapports au ministère de la marine de 1841 ; le rapport de M. le duc de Broglie, etc., etc. ; publications fort intéressantes, mais qui, j'ose l'affirmer, n'ont jamais été lues par les 3,000 ouvriers et ouvrières signataires des pétitions.

Le rédacteur, quel qu'il soit, les a trompés sur la situation de leurs *frères* des colonies.

Il les a trompés en les peignant comme de malheureuses victimes de l'inhumanité de leurs maîtres.

Il les a trompés sciemment, car il connaît et cite les publications officielles faites par le ministère de la marine et des colonies, en exécution de l'ordonnance du 5 janvier 1840.

Or, ces publications établissent que le régime des habitations, dans les colonies françaises, est partout satisfaisant;

Que l'instruction religieuse des noirs est en progrès ; qu'ils sont bien nourris, convenablement logés, traités avec douceur, parfaitement soignés dans leurs maladies ;

Qu'enfin la somme de bien-être matériel des noirs de nos colonies surpasse celle dont peuvent jouir beaucoup d'ouvriers et de paysans des contrées d'Europe (1).

J'ai publié une analyse des rapports des procureurs-généraux sur l'exécution de l'ordonnance du 5 janvier 1840, pour faire connaître la véritable situation des noirs dans les colonies françaises.

Je crois devoir reproduire cette publication, afin d'éclairer les ouvriers qu'on abuse et la Chambre qu'on voudrait influencer à l'aide de leurs pétitions.

L'ordonnance du 5 janvier 1840 institue les magistrats du parquet *patrons* des esclaves, et elle les

______

(1) *Exposé Sommaire* de l'exécution de l'ordonnance du 5 janvier 1840, publié par ordre de M. le ministre de la marine et des colonies, pages 16, 17, 24 et 25.

charge « de se transporter périodiquement et toutes les fois qu'il y aura lieu sur les habitations, afin de s'y assurer de l'application des règlémens relatifs aux esclaves, et d'y faire toutes les enquêtes et constatations à ce nécessaires. »

On a adressé des reproches aux habitans qui s'étaient opposés à l'exécution de cette ordonnance.

On attribuait leur opposition aux causes les plus répréhensibles.

Ils redoutaient, disait-on, la présence et la surveillance des magistrats. Ils voulaient cacher à tous les yeux le régime disciplinaire de leurs ateliers, mal nourris, mal logés, mal soignés dans leurs maladies, soumis fréquemment et au moindre caprice à des châtimens corporels.

Les rapports des procureurs-généraux sur l'exécution de l'ordonnance du 5 janvier 1840 font justice de ces accusations.

Il résulte de ces documens officiels, publiés par ordre du ministère de la marine et des colonies, sous le titre d'*Exposé Sommaire de l'exécution de l'ordonnance du 5 janvier* 1840, que, si les colons ont résisté, c'est que l'ordonnance leur a paru dictée par un sentiment de méfiance qu'ils savaient n'avoir point mérité; qu'ils se regardaient comme les meilleurs patrons de leurs esclaves, et qu'ils avaient craint que l'intervention des magistrats n'amoindrît l'autorité morale, si nécessaire aux maîtres.

On lit, en effet, dans le rapport de M. le procureur-général de la *Martinique*, de septembre 1841 : « Dans cette nouvelle tournée d'inspection, j'ai trouvé beaucoup d'opposans ; mais je dois me hâter de le dire, l'opposition tient plus à l'idée que l'ordonnance du 5 janvier 1840 viole les droits de propriété dont les colons sont jaloux, qu'à celle de refuser de faire connaître le régime des habitations. »

Le procureur-général de la *Guadeloupe*, dans son rapport du 12 juin 1841, dit : « Les causes de la répugnance et de l'opposition qui ont si vivement éclaté contre les inspecteurs dans quelques quartiers de la colonie, doivent être cherchées ailleurs que dans la peur d'un contrôle et dans le besoin de cacher quelque chose ; une semblable conjecture ne saurait être permise en présence de ce fait, que je prends plaisir à signaler dès à présent, à savoir : que la résistance ne s'est manifestée que sur les points de la colonie où les améliorations apportées dans le régime de l'esclavage sont les plus réelles et les moins contestables. »

Le procureur du roi de la *Basse-Terre* explique, presque dans les mêmes termes, la résistance des colons.

Il ajoute que, quand il a passé outre, il a trouvé que ceux-là même qui avaient été *les plus récalcitrans* (c'est l'expression dont il se sert) étaient irréprochables, et que le régime disciplinaire de leurs ateliers était *des plus satisfaisans* (1).

____

(1) *Exposé Sommaire*, page 24.

Il constate qu'il a visité, avec un soin particulier, l'habitation *le Duché*, appartenant au *sieur Amé Noël*, homme de couleur, qui avait été, peu de temps auparavant, traduit aux assises comme accusé d'avoir fait périr un de ses esclaves; que cette habitation offre un aspect de grande prospérité. L'atelier y est nombreux, les esclaves y sont heureux en tout ce qui tient à l'existence matérielle : bonnes cases, bonne nourriture, aisance tirée des profits de la pêche, qui est très-abondante sur la côte, jardins des nègres vastes et bien entretenus. Il n'a trouvé personne à l'hôpital, et s'est assuré que, quand il y avait des malades sérieusement atteints, on les faisait soigner et même porter en ville pour y être traités par un médecin (1).

Dans l'arrondissement de *Marie-Galante*, les jardins des noirs sont bien entretenus; leur nourriture, soit au moyen de la ration dite *ordinaire*, soit par l'abandon du samedi, est saine et abondante; les vêtemens sont délivrés dans les quantités prescrites, et quelquefois même au-delà; les hôpitaux ne sont pas tous également bien tenus et bien situés, et, à cet égard, des représentations ont été faites à plusieurs habitans; mais il n'y a presque pas de malades. Les cases à nègres sont généralement propres et bien situées; tous les ménages élèvent des volailles, des cochons, des cabris et quelques-uns même des bœufs.

. (1) *Exposé Sommaire*, pages 25 et 26.

Sur les petites habitations, le régime des noirs est beaucoup moins satisfaisant. La misère des maîtres paralyse presque partout leur bonne volonté. Sur certaines habitations, le fouet n'est plus qu'un moyen comminatoire et sans application (1).

Arrondissement de Saint-Martin. — Le magistrat fait connaître, habitation par habitation, les résultats de sa tournée, qui a embrassé la majeure partie de sa circonscription : « Sur les habitations prospères, et c'est la majorité, le régime est satisfaisant; sur les autres, les prescriptions réglementaires, quant à la nourriture et aux vêtemens, ne sont pas bien exécutées; partout le régime disciplinaire est modéré (2).

Dans l'*arrondissement de la Basse-Terre*, le régime des ateliers est satisfaisant; l'enseignement religieux y a pris un essor rapide, et les planteurs voient avec plaisir se développer ce puissant moyen de moralisation (3).

L'emprisonnement est plus généralement en usage aujourd'hui que par le passé; il tend à se substituer à la peine du fouet; c'est ce que j'ai pu reconnaître dans ma première tournée, et j'ai indiqué les causes de ce changement salutaire (4).

(1) *Exposé Sommaire*, page 25.

(2) *Idem*, page 26.

(3) *Idem*, page 31.

(4) *Idem*, page 33.

Dans les grandes habitations d'Approuagge et de Kaw, le propriétaire, dans sa prévoyance, entretient des plantations de bananiers assez considérables pour rendre inutiles au noir les produits de l'abatis de manioc qu'il cultive pour son propre compte, et dont il peut réaliser la valeur à son profit; mais encore chaque semaine, pendant huit mois ou l'année entière, suivant la situation et l'aisance de l'établissement, des distributions de morue ou de poisson salé sont régulièrement faites à l'atelier, sans que la pêche, si abondante dans les eaux de la Guyane, les animaux domestiques et la volaille qu'il élève en grande quantité, selon les localités, y soient un obstacle (1).

Une ordonnance locale du 5 floréal an XI a étendu, pour les vêtemens à fournir annuellement au noir, les obligations imposées au maître par l'édit de mars 1685. Aujourd'hui quelques aunes de toile ne suffiraient plus pour acquitter sa dette, et l'esclave a droit à deux rechanges complets.

L'humanité du maître a été plus loin que les règlemens.

L'ordonnance coloniale prescrit, non-seulement les précautions qui doivent être observées pour assainir l'hôpital, mais encore l'entretien, sur toutes

____

(1) *Exposé Sommaire*, page 38.

les habitations, d'une petite pharmacie composée des remèdes les plus usuels. Sur la majeure partie des grands établissemens, il suffirait de quelques modifications matérielles peu considérables, pour rendre l'état des choses complètement satisfaisant (1).

Généralement, aujourd'hui, l'administration est plus douce et plus intelligente qu'autrefois. Le fouet, aux yeux du plus grand nombre, a perdu de son efficacité ; l'emprisonnement pendant la nuit, que l'on penche à lui substituer, paraît le meilleur moyen pour vaincre les instincts paresseux et la répulsion des noirs pour le travail (2).

MARTINIQUE.

Le procureur du roi de l'*arrondissement de Saint-Pierre* a remarqué partout des progrès sensibles, quant à l'instruction religieuse des noirs. Le nombre des individus assistant aux instructions paroissiales (qui, en 1839, n'était que de 3,200 environ), s'est élevé, en 1840, à 4,403 (3).

Les mariages sont encouragés, et même rémunérés par les maîtres ; mais ils sont encore rares, sur la plupart des habitations, par l'effet du peu d'inclination des esclaves à former ce lien. Cependant, le

(1) *Exposé Sommaire*, page 39.
(2) *Idem*, page 39.
(3) *Idem*, page 7.

nombre des mariages augmente : en 1839, il n'a été que de 42 ; en 1840, de 28 pendant cinq mois, ce qui, proportion gardée, donnerait pour l'année 67 mariages (1).

Les distributions de vivres sont suffisantes à l'égard des noirs à qui on n'abandonne pas une journée par semaine pour se nourrir. L'entretien des ateliers, sous le rapport des vêtemens, est généralement conforme aux prescriptions du Code noir. Le régime disciplinaire lui a paru fort doux : presque partout les prisons en mauvais état, privées de leurs portes, ou à moitié détruites, indiquent que depuis long-temps on n'en fait pas usage; une salle ou une chambre de police, une barre à l'hôpital, à laquelle on attache pendant la nuit les esclaves dont la conduite nécessite cette mesure, ont généralement remplacé les prisons. Le fouet est d'un usage rare, et c'est seulement dans les cas fort graves qu'il est administré avec la latitude accordée par les règlemens. Le travail est généralement modéré; les noirs sont pourvus de cases situées en bon air; les soins d'hôpital sont très-satisfaisans.

Le procureur du roi n'a reçu ni plaintes, ni réclamations, de la part d'aucun esclave, pendant sa tournée.

Il conclut en estimant que *la somme de bien-être matériel, dans les ateliers qu'il a visités, surpasse celle dont*

(1) *Exposé Sommaire*, page 8.

peuvent jouir beaucoup de paysans des contrées d'Europe (1).

Les rapports du procureur du roi de Fort-Royal et de son substitut, plus sommaires que ceux des magistrats de Saint-Pierre, signalent en termes analogues la situation générale des ateliers (2).

Les rapports du procureur-général et des procureurs du roi de *Bourbon* présentent des résultats non moins satisfaisans qu'à la Martinique, à la Guadeloupe et à la Guyane.

Voici comment ils sont appréciés par le gouvernement de la métropole, dans une publication officielle (3) :

« Le régime des esclaves est généralement doux : l'intérêt des propriétaires, autant que leur humanité, les porte à prendre un soin particulier de leurs ateliers.

» Les travaux des noirs cultivateurs sont modérés ; ils commencent au lever du soleil, cessent avec le jour, et sont d'ailleurs suspendus dans la journée pendant trois heures. En somme, la durée du travail ordinaire est, terme moyen, de neuf heures sur vingt-quatre. Le logement et la subsistance des esclaves sont convenablement assurés ; il est alloué à chaque

______

(1) *Exposé Sommaire*, pages 16 et 17.

(2) *Idem*, page 17.

(3) *Notices statistiques des colonies françaises*, imprimées par ordre de M. le ministre de la marine et des colonies, pages 5 et 6.

individu de l'un et de l'autre sexe, ou à chaque famille, un terrain qu'ils cultivent en vivres du pays pour leur usage exclusif; il leur est en outre délivré, chaque semaine, par le maître, une quantité déterminée de morue, de poisson salé, de viande salée, de riz ou de farine de manioc et de maïs; à moins que, par un arrangement entre le maître et l'esclave, celui-ci ne conserve, pour se nourrir au moyen de son propre travail, la libre disposition d'un jour par semaine, indépendamment du dimanche, pendant lequel il n'est obligé à aucun service.

» La plupart des esclaves possèdent des volailles, des porcs, et quelquefois même du gros bétail. Les plus industrieux sont souvent logés, meublés et vêtus avec quelque recherche; le maître pourvoit, du reste, à l'habillement de chaque esclave, par la délivrance de deux vêtemens complets tous les ans. Enfin il existe, sur chaque habitation, un hôpital où les malades sont traités avec les soins que leur état exige. Les enfans, les négresses enceintes ou nourrices, les vieillards et les noirs infirmes sont exempts de service ou employés à des travaux légers, et toujours proportionnés à leurs forces. »

Ce tableau contraste avec le tableau tracé par le rédacteur de la pétition des ouvriers de Paris.

Quel est le plus fidèle? Qui croire, du Gouvernement ou du rédacteur anonyme de la pétition?

Toute incertitude disparaît devant un témoignage que le rédacteur ne récusera pas, car lui-même il l'invoque dans sa pétition, le témoignage du duc de Broglie, président de la Commission des affaires coloniales et de la Société française pour l'abolition de l'esclavage.

On lit dans son rapport :

« Les colons ménagent la population noire : on prend soin des femmes enceintes et des enfans en bas âge; aussi cette population, qui naguère encore décroissait de 3 pour 100 environ chaque année, se maintient-elle, et est même en voie d'augmenter. Au dire des magistrats chargés par l'ordonnance du 5 janv. 1840 de visiter périodiquement les habitations, en général et sauf un petit nombre d'exceptions, le régime des ateliers est satisfaisant. La nourriture des noirs est saine et suffisante; ils sont logés et vêtus conformément aux exigences du climat; ils sont convenablement soignés dans leurs maladies ; nulle part on n'exige d'eux un travail excessif; les châtimens corporels sont modérés et vont plutôt diminuant.

» L'enfant qui naît appartient au maître de la mère; il n'est point abandonné sans soins; si ceux de son père et de sa mère lui manquent, ceux de son maître ne lui manquent jamais... Les négrillons sont parfaitement soignés : la sollicitude du maître, surtout celle des dames de sa famille, ne sommeille presque jamais, et il est à remarquer qu'il meurt, proportion gardée, plus d'enfans de couleur libres que d'enfans esclaves.

» Par suite de la cessation complète de la traité, il n'y a plus de nègres venus récemment d'Afrique... L'impossibilité de renouveler les ateliers, ainsi que les idées de l'époque, auxquels les colons ne sont pas restés étrangers, ont singulièrement amélioré leur régime. Les esclaves attachés aux habitations n'étant plus renouvelés que par les naissances, les maîtres, toujours entourés des mêmes individus, s'y sont attachés davantage. Il règne aujourd'hui, entre les esclaves et les maîtres qui conduisent eux-mêmes leurs biens, un lien qui tient en quelque sorte de la famille et du patronage : d'un côté, soumission, attachement; de l'autre, protection, bienveillance, soins attentifs (1)!... »

Telle est la situation des noirs dans les colonies françaises, constatée par les rapports officiels du Gouvernement, reconnus par M. le duc de Broglie lui-même.

L'émancipation immédiate demandée par la pétition des ouvriers de Paris la rendrait-elle meilleure?

M. le duc de Broglie se charge encore de la réponse :

« En donnant dès aujourd'hui la liberté complète aux noirs de nos colonies, leur condition dans les premiers temps en serait certainement très-empirée.

______

(1) Rapport de M. le duc de Broglie, page 131.

» La liberté complète des esclaves implique, en effet, la liberté complète des maîtres, c'est-à-dire l'absence de toute obligation de part et d'autre, c'est à-dire encore la nécessité pour les esclaves de se suffire à eux-mêmes. Qu'on voie dès lors ce qui ne peut manquer d'arriver dans les premiers temps.

» Les négresses, en général, sont abandonnées par les hommes qui les ont rendues mères; cela est inévitable sous un régime de promiscuité, de concubinage universel. Une négresse prête d'accoucher n'est qu'un fardeau, personne ne s'en chargera. Sans assistance dans les derniers mois de leur grossesse, sans asile au moment de leurs couches, sans secours dans le mois qui suit, beaucoup d'entre elles succomberont; celles qui ne succomberont pas, contracteront des infirmités incurables et qui les mettront hors d'état de gagner leur vie à l'avenir.

» Les enfans sont toujours abandonnés par les pères; ils le sont quelquefois par les mères; plus grand sera le dénuement des mères, plus fréquent sera l'abandon; combien en survivra-t-il?

» La plupart des noirs passent leurs journées au travail, et leurs nuits dans la débauche : leurs journées au travail, parce qu'ils ne peuvent faire autrement; leurs nuits dans les débauches, parce qu'ils sont insoucians et corrompus.

» Quand ils auront la libre disposition de leurs jours, qu'en feront-ils? Beaucoup en feront ce qu'ils font de leurs nuits; ils déserteront en masse leurs ateliers; ils jetteront là houe et pioche, comme des symboles de servitude; ils encombreront les villes et les ports; *cela est arrivé partout;* ils dissiperont rapidement le peu qui leur sera resté du produit des petits jardins qu'ils n'auront plus, des petits champs qui leur auront été retirés; puis les meilleurs chercheront à gagner péniblement leur vie en se livrant à la pêche, en rendant cà et là quelques services domestiques; le plus grand nombre aura recours à la mendicité, à la déprédation; il faudra les punir, les envoyer aux travaux publics, à l'atelier de discipline, c'est-à-dire *les remettre en esclavage sous des conditions plus rigoureuses.*

» Ne recevant guère l'enseignement religieux, d'ailleurs; ne suivant guère la pratique du culte, que comme forcés et contraints, quand ils ne seront plus ni contraints ni forcés, plus de culte, plus d'enseignement; le peu qu'ils ont appris, ils l'oublieront promptement; ils tomberont dans un abrutissement complet.

» Cela est inévitable pendant un temps plus ou moins long, pendant un temps d'autant plus long, que les esclaves sont plus mal préparés à la liberté, et les nôtres, comme on l'a vu, le sont très-mal; les hommes ne se réforment pas d'un coup de baguette; les caractères, les mœurs, les penchans, les habitudes ne se réforment qu'à grand'peine; la liberté ne fait point de miracles; c'est un précepteur rude, inexorable, qui corrige par le besoin et par la misère, par la souffrance et par la mort! (1) »

Ainsi, de l'aveu de M. le duc de Broglie et de la commission des affaires coloniales, au nom de laquelle il parle dans son rapport, la condition des noirs serait très-empirée par l'émancipation ; l'émancipation amènerait l'abandon des mères pendant la grossesse et les couches, les maladies, les infirmités, la mort ; l'abandon et la mort des enfans; elle augmenterait les penchans des noirs à l'oisiveté et à la débauche; elle les ferait tomber dans un abrutissement complet; elle les réduirait à la mendicité et au vol; elle les enverrait aux travaux publics.

La Chambre ne peut rester indifférente à de tels résultats, et, dans l'intérêt des noirs, elle passera à l'ordre du jour sur la pétition des ouvriers de Paris.

(1) Rapport, pages 151 et 152.

www.ingramcontent.com/pod-product-compliance
Lightning Source LLC
Chambersburg PA
CBHW051223070726
47595CB00018B/3049